AF247069

PROJET DE TRAITÉ EUROPÉEN

TENDANT A RÉGLER

LES

QUESTIONS DU RHIN ET D'ORIENT.

EXPOSÉ DES MOTIFS.

MESSIEURS,

Il est deux questions en Europe dont la solution pourrait amener une conflagration générale.

Nous voulons parler de la question des rives du Rhin, considérées comme frontières françaises, et de la question d'Orient.

De ces deux questions, la première a semblé un moment résolue par nos conquêtes républicaines. Mais des événements, dont la France doit à bon droit s'affliger, sont venus ajourner cette solution que les intérêts les plus grands de notre patrie nous imposent le devoir de chercher sans relâche.

1848

Quant à la seconde question, les grandes puissances ont failli tirer le glaive pour elle il y a peu de temps, et se préoccupent toujours de ce *casus belli* suspendu sur l'Europe.

Régler ces questions autrement que par la voie des armes et prévenir ainsi les maux incalculables qui s'ensuivraient, tel est le but que nous nous proposons.

De tout temps, chez tous les peuples, la guerre a été considérée comme le plus redoutable fléau dont les nations et leurs gouvernements puissent être affligés ; elle est un malheur pour les vainqueurs aussi bien que pour les vaincus.

Mably résumait les maux des guerres en disant : « Elles ont pour suite inévitable le désordre des finances, des impôts d'un poids accablant, la misère des peuples, l'avilissement des mœurs publiques, l'engourdissement du commerce, la ruine de l'agriculture, qui est l'âme de tout. »

Ces vérités si profondes que comprenait déjà le dix huitième siècle ne doivent-elles pas exercer plus d'empire aujourd'hui ?

L'industrie, qui ne saurait prospérer sans des relations pacifiques, forme la moitié de l'existence de nos sociétés. Les lumières répandues partout, l'adoucissement des mœurs, la facilité des communications, ont mis en rapport des hommes qui, il y a un quart de siècle, se considéraient comme ennemis, s'appréciaient avec préjugé par cela seul qu'ils vivaient dans des contrées séparées par un poteau de frontières.

Un monarque ambitieux de gloire personnelle n'entraînerait plus comme autrefois ses sujets à sa suite. Il serait arrêté par l'opinion publique, dont à notre époque on est obligé de tenir compte, même dans les gouvernements absolus.

A l'égard des nations qui sont régies par la forme représentative, on sait que ce n'est pas le souverain qui a le dernier mot sur les questions de guerre, bien que la constitution semble le lui donner. La guerre ne se fait point sans lever des impôts, et ceux qui ont le droit de refuser des subsides ont par cela le moyen de l'empêcher.

Est-ce par la guerre d'ailleurs qu'on termine les difficultés ? Nous ne le pensons pas ; elle est la manière de les perpétuer. La paix qui suit la guerre n'est jamais sincère ; elle n'est donc pas durable. Le vainqueur se présente dans la négociation avec le poids de ses succès ; l'équité et la pondération des intérêts sont sacrifiés. Le vaincu courbe la tête, mais avec la secrète pensée de rompre le traité. Aussi toutes les paix ainsi conclues n'ont jamais été que des trèves plus ou moins prolongées. Un ferment de vengeance, resté dans l'esprit des parties lésées.

les a portées toujours à recommencer la lutte à la première occasion propice.

La raison publique commande donc à nos gouvernements modernes l'adoption du système pacifique pour résoudre les difficultés de politique extérieure que crée sans cesse le cours des événements.

Faisant l'application de ces sages principes, nous voudrions qu'une transaction pût ramener la France sur le Rhin, en établissant, comme compensation au profit des puissances continentales, le partage de l'empire ottoman.

Cette solution est-elle commandée par les faits?

Un simple exposé historique, rappelant leur enchaînement, suffira pour reconnaître qu'une force irrésistible pousse la France vers le Rhin, et qu'en Orient la race ottomane a perdu toute vitalité nationale.

Occupons-nous d'abord de la question du Rhin.

RHIN.

Louis XI régnait en France alors qu'éclatèrent les premiers événements qui nous ouvrirent la voie des agrandissements au nord du royaume. L'unité de territoire qui fait la principale force des États était l'œuvre dont s'occupait ce souverain. La plupart des grands vassaux étaient réduits. Il en restait un toutefois, encore redoutable, qui luttait contre son suzerain, Charles le Téméraire, duc de Bourgogne.

Ses États étaient vastes : ils s'étendaient des bords du Rhin jusqu'en Champagne et de la Saône aux mers de la Hollande. Ce prince voulut asservir les Suisses à sa domination; il leur fit la guerre, perdit contre eux la bataille de Morat, et fut tué sous les murs de Nancy, en 1477.

Cette mort ouvrit la succession du cercle de Bourgogne.

La partie méridionale revint sans difficulté à la couronne de France, à titre de fief, dont le titulaire n'était représenté par aucun enfant mâle. La partie qui comprenait la Flandre, les Pays-Bas et la Franche-Comté fut considérée comme ayant été possédée en pleine souveraineté par le duc Charles, et dès lors sa fille, Marie de Bourgogne, dut en hériter.

Si Louis XI avait pu, ainsi que le projet en fut tenté, unir le dauphin à cette riche héritière, la France eût dès lors acquis sans guerre et sans contestation ces territoires pour la possession desquels tant de sang a depuis été versé.

Mais Marie devint l'épouse de Maximilien, archiduc d'Autriche, fils de l'empereur Frédéric III.

La guerre ne tarda à pas commencer entre Maximilien et le roi de France. Ce dernier voulait étendre autant que possible les effets du retour à la couronne sur les États laissés par Charles le Téméraire. L'archiduc, à son tour, cherchait à établir le droit de pleine souveraineté de sa femme sur toutes les parties du cercle de Bourgogne à l'égard desquelles la loi féodale pouvait laisser du doute.

Louis XI entre dans les Pays - Bas et perd la journée de Guinegate contre les Flamands, au mois d'août 1480.

Bientôt Maximilien, monté sur le trône comme successeur de Frédéric III, céda les Pays-Bas à son fils, Philippe le Beau. Celui-ci épousa Jeanne la Folle, infante d'Espagne, fille de Ferdinand et d'Isabelle la Catholique. Un infant d'Espagne, don Miguel, qui devait succéder à Ferdinand, mourut sans descendance.

Philippe le Beau et Jeanne se troûvèrent ainsi allier les deux souverainetés d'Espagne et des Pays-Bas. Ils eurent un fils, ce fut Charles-Quint, lequel réunit aux deux couronnes qu'il reçut de ses père et mère celle de l'empire dont il devint héritier à la mort de son grand-père Maximilien, le 28 juin 1519.

C'est ainsi que fut établie, au profit de la maison d'Autriche, une domination qui s'étendait au nord et au midi, tenant la France pressée sur ses deux flancs.

Jamais le royaume n'avait été aussi malheureux que sous cette domination européenne de Charles-Quint. La bravoure de François Ier n'aboutit qu'à des infortunes.

L'abdication de Charles, le 17 septembre 1556, vint atténuer la situation de la France. Elle ne cessa point, il est vrai, de se trouver enclavée dans les États gouvernés par la maison d'Autriche, mais les couronnes d'Espagne et de l'empire ne furent plus sur la même tête. La descendance en ligne directe de Charles-Quint monta sur le trône d'Espagne et des Pays-Bas; ce fut Philippe II. Le frère de Charles-Quint, Ferdinand Ier, reçut la couronne d'Allemagne.

Ce partage ayant rendu une certaine liberté d'action à la France, celle-ci s'empressa de tourner de nouveau ses vues vers le Nord. Elle y rencontra le luthéranisme et s'en servit. Il avait pris naissance à propos d'un intérêt à la fois religieux et pécuniaire, dans le cours de l'année 1518.

Le pape Léon X avait eu besoin d'argent afin d'entreprendre la guerre contre les infidèles, et, pour achever la basilique de Saint-Pierre, il fit vendre des indulgences.

Les religieux de l'ordre de Saint-Augustin, qui de tout temps avaient été en possession de ces ventes, s'en virent frustrés au profit des dominicains ; ils réclamèrent vainement auprès du pape et s'abandonnèrent au plus violent mécontentement.

Un de ces moines augustins était Martin Luther, fils d'un forgeron du lieu nommé Islebe, en Saxe. Il ne se borna pas à écrire ou parler contre les indulgences ; il contesta des doctrines religieuses jusqu'alors avérées et se fit un parti puissant parmi les peuples en prêchant contre la richesse du clergé.

De là naquit la réforme qui s'étendit promptement dans la plupart des États de l'Europe.

L'empire persécuta cette réforme, qui introduisait un élément nouveau de discussion et d'indépendance.

La France, au contraire, y voyant une entrave à l'autorité impériale, protégeait la réforme en Allemagne, tout en la poursuivant cruellement dans l'intérieur du royaume.

Des ligues catholiques et protestantes se formèrent en Allemagne. Henri IV soutint la ligue protestante, qui l'appela dans les duchés de Clèves et de Juliers; il y envoyait une armée, lorsqu'il fut assassiné en 1610.

Henri IV aurait pu réaliser de grands projets d'agrandissement de territoire. Le midi de l'Allemagne était alors gouverné par des princes faibles et divisés entre eux. Henri IV, au contraire, représentait ce qui donne le succès, c'est-à-dire l'unité, l'amour de la gloire et de son pays.

Bientôt la politique de la France se montra dans toute sa vigueur entre les mains du cardinal de Richelieu, et nos conquêtes au Nord commencèrent.

La Suède brillait alors d'un vif éclat; elle comptait, parmi ses grands hommes, son souverain Gustave-Adolphe et le chancelier Oxenstiern.

La France, la Suède et les princes protestants de l'Allemagne s'unirent pour engager contre l'empereur la guerre connue sous le nom de guerre de trente ans.

Le 17 septembre 1631, Gustave-Adolphe gagne la bataille de Leipsick, poursuit les armées de l'empereur et vient jusqu'en Alsace donner la main à ses alliés français, qui s'avançaient sur le Rhin.

L'Espagne arma contre nous; Richelieu saisit ce motif pour conclure en 1635 avec les Provinces Unies un traité ayant pour but de chasser les Espagnols des Pays-Bas et de se partager leurs dépouilles; mais les Hollandais commençaient à redouter notre voisinage ; ils agirent mollement, et le plan resta sans exécution.

Les négociations qui devaient aboutir au célèbre traité de Westphalie furent entamées en 1641, sept années avant la fin de la guerre.

Richelieu, qui les avait commencées, mourut en 1643, la même année que Louis XIII, et légua en mourant Mazarin pour son successeur à la régente Anne d'Autriche. Mazarin termina ces négociations à la gloire de la France.

Les plénipotentiaires français étaient le duc de Longueville, MM. Servien et d'Avaux.

Le grand Condé vint aider aux négociations par sa journée de Rocroy, où il détruisit les derniers débris de cette vieille infanterie espagnole si longtemps renommée (année 1643.)

La France réclamait l'Alsace, la province des Trois-Évêchés, et voulait, de plus, Brisach sur la rive droite du Rhin.

« Convient-il, disaient les envoyés de l'empereur, de rendre les Français maîtres d'une place qui, étant au delà du Rhin, leur donnera une libre entrée dans l'empire?

« La France a toujours souhaité que le Rhin la séparât de l'Allemagne, et ce fleuve lui a toujours paru devoir être la borne des deux empires. »

La France obtint ce qu'elle demandait comme accroissement territorial ; de plus, les droits des électeurs de l'empire et des villes impériales furent assurés.

L'empereur dut désormais tenir compte de leurs suffrages à la diète pour faire la paix ou la guerre.

On établit les deux religions sur un pied d'égalité.

Des territoires furent concédés aux princes protestants ; leur autorité fut reconnue et assimilée à celle des princes catholiques.

Le pouvoir de l'empereur fut ainsi renfermé dans de justes bornes ; il en conserva assez pour défendre l'empire, mais non pour l'opprimer.

La prépondérance de la France s'accrut de toute celle que la maison d'Autriche perdit par ce mémorable traité dont la signature définitive eut lieu le 14 octobre 1648, et qui marqua nos premiers pas vers le Nord[1].

Le mariage de Louis XIV fut conclu, onze ans après, et avec lui la paix des Pyrénées, le 7 novembre 1659.

Mazarin révéla au jeune roi les conséquences politiques de son union avec Marie-Thérèse, fille de Philippe IV, d'un premier lit, et le contrat de

(1) Ce traité est appelé indistinctement paix de Westphalie, de Munster ou d'Osnabruck. Les empereurs d'Allemagne qui occupèrent le trône à cette époque furent Ferdinand II et Ferdinand III.

mariage contient le germe de tous les agrandissements que la France a obtenus par cette alliance.

Le ministre de Philippe IV, don Louis de Haro, exigeait la renonciation de l'infante à tous ses droits sur les terres soumises à la souveraineté espagnole. Les efforts de notre envoyé De Lionne furent inutiles pour qu'on n'insistât point sur cette clause. Ne pouvant vaincre la difficulté, l'habile De Lionne sut la tourner. Il fit adopter dans le contrat de mariage une rédaction se prêtant à cette interprétation : que la validité de la renonciation dépendrait du *paiement* de la *dot* de l'infante et à *des termes déterminés*.

On lit dans l'extrait de ce contrat « que Sa Majesté Catholique promet et demeure obligée de donner et donnera à l'infante, en dot et en faveur du mariage avec le roi très chrétien de France, et paiera à Sa Majesté ou à celui qui aura pouvoir et commission d'elle, la somme de cinq cent mille écus d'or, et ladite somme sera payée en la manière suivante : *le tiers au temps de la consommation du mariage, l'autre tiers à la fin de l'année depuis ladite consommation, et la dernière, troisième partie, six mois après.* En sorte que l'entier paiement sera fait en dix-huit mois de temps, aux termes et portions qui viennent d'être spécifiés.

« *Que moyennant* le paiement effectif fait à Sa Majesté Très-Chrétienne desdits cinq cent mille écus, *aux termes qu'il a été dit ci devant,* ladite infante se tiendra pour contente et se contentera de la susdite dot, sans que ci-après elle puisse alléguer aucun droit ni intenter aucune action ou demande, prétendant qu'il lui appartienne ou puisse appartenir autres plus grands biens. »

La pénurie du trésor espagnol ne laissait aucun doute sur l'inexactitude des paiements de la dot. Le premier terme ne fut pas même acquitté. Aussi le lendemain de la célébration des noces, De Lionne se félicitait avec le cardinal Mazarin de ce que la renonciation de la reine se trouvait détruite par le fait du non-paiement de la portion exigible la veille des épousailles.

Le litige ne tarda pas à s'ouvrir. Philippe IV mourut en 1665. Louis XIV éleva des prétentions sur la Flandre, le Brabant et la Franche-Comté. Il alléguait d'une part *l'inexécution des clauses du contrat de mariage relatives à la dot de la reine.* Il se fondait aussi sur un droit de dévolution en usage dans les Pays-Bas, qui attribuait dans les familles de particuliers une portion de l'héritage paternel aux enfants du premier lit de préférence à ceux du second.

Le roi appuie ses prétentions d'une armée à la tête de laquelle il entre en Flandre en 1667. Le pays se soumet sans résistance sérieuse. Lille quoique bien fortifiée et munie d'une garnison, ne tint que neuf jours.

L'année suivante (1668), le roi envahit la Franche-Comté. Le grand Condé avait préparé la campagne, qui fut aussi heureuse que celle de Flandre.

Les Hollandais, oubliant que s'ils avaient été reconnus comme nation par l'Espagne, ils le devaient aux bons offices de la France, se montrèrent les plus ardents à s'opposer aux entreprises de Louis XIV, et excitèrent contre lui toutes les puissances voisines.

La paix fut convenue et signée à Aix-la-Chapelle, le 2 mai 1668. La France conserva la Flandre et restitua la Franche-Comté.

En 1672, Louis XIV entreprit la guerre de Hollande. Tirer vengeance des Hollandais et s'agrandir à leurs dépens, tel était le motif de cette guerre. L'entreprise était concertée avec Charles II d'Angleterre ; ces deux monarques avaient projeté la destruction de la puissance hollandaise et le partage de son territoire.

L'empire et l'Espagne s'armèrent pour préserver la Hollande de sa ruine, et, après six années de guerre, la paix se fit à Nimègue, le 10 août 1678.

La France imposa ses conditions. Bouchain, Condé, Ypres, Valenciennes, Cambrai, Maubeuge, Aire, Saint-Omer, Cassel, Charlemont, Bailleul et la Franche-Comté subirent leur incorporation à notre territoire.

Le traité de Nimègue marque l'époque la plus florissante du règne de Louis XIV.

Une partie de la succession de Marie de Bourgogne était acquise, mais cela ne suffisait point aux grandes vues du roi, il en convoitait la totalité. Bientôt ses armées se portent de nouveau sur le Rhin. Strasbourg est occupé, et le droit de suzeraineté de la couronne de France sur cette ville changé en souveraineté absolue.

Trèves, Namur, Luxembourg, Dixmude, Mayence tombent en notre pouvoir ainsi que le Palatinat, dont la dévastation fut ordonnée pour que les ennemis ne pussent pas en faire une base d'opération rapprochée de notre frontière.

Cette période de guerre qui comprend les années de 1681 à 1697 fut terminée par le traité de Rysvick (30 octobre 1697).

De grands efforts avaient été faits par toutes les parties belligérantes. La France surtout ayant lutté seule contre l'Espagne, la Hollande, l'Angleterre et l'empire, avait besoin de repos. Aussi le roi montra-t-il sur les conditions du traité de Rysvick une facilité que ses précédents firent trouver étonnante ; peut-être aussi Louis XIV sentait-il la nécessité de conclure promptement la paix, afin de se préparer à l'ouverture de la succession d'Espagne, dont l'existence débile de Charles II faisait présager la prochaine éventualité.

Le 1er novembre 1700 on vit se réaliser cet événement, qui devait plonger l'Europe dans une nouvelle guerre plus générale et plus passionnée que celles soutenues jusqu'alors et amener la France à deux doigts de sa perte.

Le roi d'Espagne, infirme dès sa naissance, venait d'expirer à l'âge de 39 ans.

Il avait institué le duc d'Anjou son successeur. Louis XIV accepta la couronne d'Espagne pour le jeune prince, son petit-fils. Le projet longtemps médité par le roi allait donc s'accomplir ; la France serait affranchie de toute action contraire à ses intérêts au Midi, et les Pays-Bas entreraient dans le système politique français.

L'Europe déclara la guerre à la France.

Marlborough, le prince Eugène luttèrent contre Vendôme, Catinat, Bervick, Villars et Villeroy.

Louis XIV soutint d'abord cette coalition avec avantage, mais bientôt la fortune nous devint contraire. Hoschtet, Oudenarde, Ramilies, Malplaquet sont des jours néfastes dans nos annales militaires.

Des bords du Danube où nous attaquions, nous reculâmes jusqu'au Rhin sans pouvoir le défendre.

Nos frontières furent entamées. On vit un parti ennemi venir sur le pont de Sèvres enlever un écuyer du roi, croyant prendre le dauphin [1].

En Italie nous perdions la bataille de Turin, en Espagne Philippe V fuyait de sa capitale, et son rival l'archiduc Charles d'Autriche s'y faisait proclamer roi.

Louis XIV suppliait vainement ses ennemis de faire la paix.

Les Hollandais, se souvenant des désastres de 1672, se faisaient remarquer par la dureté de leurs refus ou par des conditions que Louis XIV ne pouvait accepter ni comme roi, ni comme père. Ils voulaient qu'il fit la guerre à son petit-fils.

La France fit de suprêmes efforts ; les journées d'Almanza, de Villaviciosa, et surtout celle de Denain, le 24 juillet 1712, relevèrent nos espérances.

Une mort imprévue vint amener la fin de cette malheureuse guerre. Ce fut celle de l'empereur Joseph Ier, qui avait eu lieu le 27 avril 1711.

---

(1) Ce parti était composé de protestants sortis de France, par suite de l'édit de révocation. Ils connaissaient les routes et pénétrèrent à travers les provinces à la faveur de déguisements.

Joseph ne laissait point de descendance masculine, et sa couronne passait à son frère, ce même archiduc Charles, prétendant à la couronne d'Espagne.

Le parlement d'Angleterre pénétra promptement les conséquences de cet événement. Continuer la guerre contre Louis XIV au profit de l'archiduc, après la mort de Joseph, c'eût été rétablir l'empire de Charles-Quint et détruire l'équilibre européen.

Les torys entrèrent aux affaires et se hâtèrent de conclure la paix avec la France. Utrecht fut choisi pour le lieu des négociations, et une paix générale y fut signée pendant le cours de l'année 1713.

Philippe V fut reconnu roi d'Espagne.

Mais les Pays-Bas n'entrèrent point dans le système politique français ; ils furent soumis à une domination mixte des Hollandais et de l'empereur, et durent former une barrière pour les Provinces-Unies contre la France [1].

L'Angleterre, par le traité d'Utrecht, obtenait Gibraltar et Minorque aux dépens de l'Espagne, l'Acadie, la baie d'Hudson et l'île de Terre-Neuve aux dépens de la France.

Louis XIV n'atteignit donc qu'un seul de ses buts. Sa dynastie monta sur le trône d'Espagne ; il ne lui fut pas permis de réaliser ses espérances d'agrandissement.

Ce grand roi mourut le 1er septembre 1715.

En 1734, nous voyons reparaître le mouvement de la France vers le Nord. Voici à quelle occasion : Stanislas Leczinski, beau-père de Louis XV, avait été élu en 1733 roi de Pologne ; la maison d'Autriche et la Russie, qui exerçait déjà une influence importante dans les affaires d'Europe, firent élire contre Stanislas le fils d'Auguste II, roi de Pologne dernier mort, et qui était le neveu de l'empereur d'Autriche Charles VI. Stanislas, à peine monté sur le trône, était obligé d'en descendre ; mais la France ne voulut point que ce fût sans une réparation accordée les armes à la main.

L'Espagne, la Savoie s'unirent à la France, et l'empereur vit ses États envahis à la fois sur le Rhin et en Italie. Il demanda la paix, elle fut signée à Vienne le 18 novembre 1738. La France enleva par ce traité la Lorraine à l'empire. La jouissance de cette province fut laissée à Stanislas sa vie

---

(1) Cette clause du traité d'Utrecht devint elle-même l'objet d'un traité particulier, dit de *la Barrière*, en date du 15 novembre 1715, entre les États-Généraux, l'empereur Charles VI, nouvellement élu, et le roi Georges Ier, qui avait succédé à la reine Anne.

durant. C'est ainsi qu'est devenue française cette contree si riche et si industrieuse qui forme aujourd'hui trois départements.

Le traité de Vienne honore la mémoire du cardinal de Fleury, qui dirigeait le cabinet de Versailles.

En 1740, la mort de l'empereur Charles VI ouvre de nouveau la voie aux tentatives d'agrandissement. Ce souverain, qui ne laissait point d'héritier mâle, prévoyant que sa succession pourrait embraser l'Europe, avait voulu régler, par un acte dit *Pragmatique sanction*, l'héritage de sa couronne, et l'attribuait à sa fille Marie-Thérèse.

La France soutint un prétendant rival ; c'était Charles-Albert, électeur de Bavière, fils de notre fidèle et malheureux allié pendant la guerre des deux couronnes.

Le désir commun de s'agrandir aux dépens de l'Allemagne amena une alliance entre la France et la Prusse, gouvernée alors par Frédéric le Grand. Un traité fut signé à Breslau le 5 juin 1741 ; le roi de Prusse s'engageait à reconnaître l'électeur de Bavière pour empereur d'Allemagne. Les deux parties contractantes se garantissaient aussi réciproquement les conquêtes qu'elles pourraient faire, l'une en Silésie, l'autre dans les Pays-Bas.

Les armées françaises envahirent la Flandre, la Westphalie et la Bohême, pendant que Frédéric pénétrait en Silésie.

L'électeur de Bavière se fit proclamer empereur à Francfort le 4 janvier 1742, sous le nom de Charles VII.

La Hollande et l'Angleterre s'unirent à Marie-Thérèse pour arrêter l'exécution de nos plans. Le malheureux Charles VII fut chassé des Etats de l'empire peu de temps après son avénement fictif, et mourut à Munich pendant l'année 1744.

La mort de Charles VII semblait devoir amener le terme de la guerre ; mais la France n'avait pas pour seul but de faire un empereur, elle ne renonçait point à ses conquêtes en Flandre.

Le roi Louis XV fit l'immortelle campagne de 1745. Le 11 mai, les Français gagnent la bataille de Fontenoy, et Tournay, Gand, Bruges, Oudenarde, Ostende nous ouvrent leurs portes.

C'est à Tournay que le roi, visitant la cathédrale et apercevant le tombeau de la fille de Charles le Téméraire, dit au Dauphin ce mot si juste : « Mon fils, voilà le berceau de toutes nos guerres. »

Sur ces entrefaites, Frédéric, contrairement aux conditions du traité de Breslau, fit sa paix particulière à Dresde, le 25 décembre 1745. Marie-Thérèse lui reconnut la Silésie. Les efforts de l'empire, de la Hollande, de l'Angleterre et de la Russie se tournèrent contre la France, qui ne conservait d'autre allié que l'Espagne. Le fardeau de la guerre devenait accablant sans le secours de la Prusse et en présence d'ennemis nombreux et puissants.

Nous dûmes taire nos prétentions sur les Pays-Bas, et nous contenter de la formation d'établissements dynastiques en Italie.

Telles furent les conditions de la paix signée à Aix-la-Chapelle, le 18 octobre 1748.

Cette paix ne fut pas de longue durée. Des terrains litigieux, situés entre le Canada, que nous possédions, et l'Acadie, cédée aux Anglais par le traité d'Utrecht, donnèrent lieu à des collisions entre les agents des deux gouvernements. Une guerre maritime d'abord, et continentale bientôt après, en fut la conséquence.

Marie-Thérèse, rêvant la reprise de la Silésie, proposa son alliance à la France contre l'Angleterre et la Prusse. Les agrandissements de la France devaient peser cette fois sur la Prusse, à qui l'on enlèverait la portion des Pays-Bas où elle avait mis le pied par le traité d'Utrecht.

Nous avions des griefs particuliers contre Frédéric à raison de sa défection de Dresde, en 1745 ; enfin une favorite de Louis XV avait été blessée de certaines plaisanteries échappées au monarque prussien.

La Russie, l'Autriche, la Saxe et la France s'unirent contre la Prusse et l'Angleterre.

Les Français envahirent les possessions prussiennes des bords du Rhin, Clèves, Vesel, la Hesse, et marchèrent en Hanovre à la rencontre des Anglais. Ceux-ci perdirent contre nous la journée d'Hastembeck et capitulèrent.

Le roi de Prusse vengea ses alliés à Rosbach, où nous fûmes complétement défaits.

Cette guerre, pendant laquelle se livrèrent tant de combats et avec des chances si diverses, de la Baltique jusqu'au Rhin, se termina en 1763, le 10 février, par le traité de Paris. Elle avait commencé en 1756, et porte, à raison du nombre d'années attaché à sa durée, le nom de guerre de sept ans.

Par le traité de Paris, les Anglais perdirent l'île de Minorque, qui fut rendue aux Espagnols, et obtinrent de nous le Canada.

La Prusse, grâce au génie de Frédéric, sortit triomphante de la lutte. Elle conserva la Silésie et ne céda aucune portion de territoire sur le Rhin.

On ne peut s'empêcher de remarquer avec douleur le déclin de la politique de la France à cette époque. L'abaissement avait commencé à la guerre de la Pragmatique sanction ; il fut plus marqué à la paix de 1763, et atteignit le dernier degré lorsqu'en 1772 s'accomplit le partage de la Pologne sans que la France fît acte d'influence.

Louis XVI n'eut pas le temps de tourner ses vues vers la politique extérieure ; les troubles de la révolution se produisirent, et bientôt ce debonnaire monarque fut renversé du trône.

Où se dirigèrent les premiers pas de notre révolution ?

Sur le Rhin, qui vit se succéder de glorieuses campagnes, jusqu'à ce que sa rive gauche fût conquise.

La France en prit possession et y établit ses lois et son administration. Les étrangers reconnurent cette incorporation, qui date de l'an IV.

Nos frontières naturelles semblèrent définitivement acquises.

L'ère impériale survint, qui devait tout dépasser et tout perdre. Napoléon abusa de son génie et des forces du pays ; après avoir donné à notre territoire une extension immodérée, renversé des dynasties pour y substituer la sienne, il subit le sort de tout conquérant qui ne sait pas s'arrêter. Napoléon succomba sous les coups d'une coalition européenne, et tous ces trônes de la lignée impériale, formés avec précipitation, s'écroulèrent de même. Les départements créés depuis le Tibre jusqu'aux bouches de l'Elbe furent rendus à leur nationalité primitive. Nous subîmes coup sur coup les traités du 30 mai 1814 et du 20 novembre 1815 ; ces deux traités, l'un et l'autre conclus contre nous, donnent lieu cependant à une distinction : le premier laissait à la France ses anciennes limites de Louis XIV ; mais Philippeville, Marienbourg, Sarrelouis, Landau et leurs cantons ont été détachés du territoire par le traité de 1815, qui nous a obligés aussi à démolir les fortifications d'Huningue. Le même traité nous interdit de les relever, afin de laisser toujours libre aux étrangers l'entrée en France par Bâle.

Telles sont les conditions humiliantes et désastreuses de la paix de 1815.

De toutes les conquêtes de la Révolution, une seule nous est restée, celle faite sur les papes, le comtat d'Avignon. C'est l'unique prix de tant de sang versé et de tant de trésors épuisés.

La Restauration s'accomplit ; au tumulte des guerres succéda le calme de la paix et l'ordre qui en est la suite.

Tout en faisant la part des erreurs de la Restauration, on doit reconnaître qu'elle désirait sincèrement le bonheur et la grandeur de la France. Les questions de politique étrangère ne lui furent jamais indifferentes, et ses pensées se dirigèrent aussi vers le Rhin. Il paraît que des négociations avaient commencé avec la Russie, dont l'influence était prépondérante en Allemagne, dans le but de réunir à la France la ville de Mayence et la partie du grand-duché de Hesse-Darmstadt, qui avoisine nos départements.

Mais il vint un jour où ce malheureux gouvernement, se méprenant sur le caractère d'un fait parlementaire qui n'était qu'une de ces oscillations inhérentes aux assemblées politiques, crut y voir une attaque contre le trône. Au lieu d'un changement de cabinet qui eût suffi à la situation, des ordonnances parurent qui brisaient la constitution. Il fut répondu aux ordonnances par une prise d'armes populaire En présence de l'insurrection, il fallait vaincre ou transiger ; on ne sut faire ni l'un ni l'autre, tandis que l'un et l'autre étaient possibles. Les auteurs des ordonnances s'enfuirent, abandonnant le pays, la couronne et une armée brave et fidèle après l'avoir compromise !

Qui ne se souvient du cri général qui se fit entendre après les trois jours? La France allait s'affranchir des traités de 1815 et reprendre ses frontières naturelles ; tous les regards furent tendus vers le Rhin.

Vaine illusion, espérance en même temps née et déçue ! Cette inspiration de la Révolution dut fléchir devant la politique qui organisa pour la Belgique une fiction de gouvernement indépendant, en maintenant ailleurs le plus complet *statu quo*.

Que conclure des faits que nous avons exposés, si ce n'est que leur enchaînement révèle une force irrésistible qui entraîne la France vers le Rhin?

L'instinct de conservation, qui est le propre des États comme des individus, nous fait une loi de cet agrandissement : sans lui nous restons privés des conditions qui constituent la sécurité du territoire ; aussi voit-on la France inquiète armer sa capitale. Ces inquiétudes ne sont-elles pas fondées, quand de fortes positions ennemies ne se trouvent séparées de cette capitale que par quelques jours de marche? Nous citerons Mayence, Luxembourg, Mons, Landau, places élevées autrefois par le génie de Vauban et avec l'or de la France.

Le Rhin français répondrait non-seulement à l'intérêt de la défense, mais aussi à l'intérêt commercial. On sait que les directions du commerce dérivent de la configuration géographique d'une contrée, et que là où s'écoulent les eaux, par là aussi s'écoulent les denrées.

La plupart des cours d'eau qui traversent nos départements du Nord, entre autres la Moselle et la Meuse, s'écoulent dans le bassin du Rhin. Là devraient arriver nos produits ; mais une barrière allemande les arrête : ils refluent les uns sur les autres vers leur point de départ, et restent ainsi écartés des marchés que le Rhin offre aux nations nos voisines et nos rivales en industrie.

Nous terminerons cette première partie de notre travail par une réflexion sur la faute toujours commise par la France de tenter des conquêtes en Italie en même temps qu'elle se portait sur le Rhin D'une part, en agissant ainsi, nos forces étaient affaiblies par leur division ; mais disons surtout que les obstacles élevés par la nature entre la France et les pays italiens rendront toujours précaire tout établissement français au delà des Alpes. Les armées y sont trop isolées de leur base d'opération. Aussi a-t-on vu le plus ordinairement des succès obtenus sur le Rhin et des revers éprouvés en Italie. La paix se faisait en compensant les uns par les autres, et l'œuvre d'agrandissement au Nord restait stérile.

La France doit concentrer ses efforts sur le Rhin, sans tourner ses vues ailleurs, ni les étendre au delà.

ORIENT.

Maintenant examinons la seconde question relative à l'empire dont l'existence languit sur les rives du Bosphore.

Un mot sur l'origine de la religion musulmane se rattache à notre sujet.

En l'an 569 de l'ère chrétienne, Abdallah et Amina, de la tribu des Koreischites, donnèrent le jour, dans la ville de la Mecque, à un enfant qui fut nommé Mahomet. A peine avait-il huit ans que ses parents moururent, lui laissant pour toute fortune une esclave et cinq chameaux.

Confié aux soins de son aïeul et puis d'un oncle, il atteignit sa vingt-cinquième année, se faisant remarquer par son jugement précoce et par sa bravoure. A cet âge, la veuve d'un riche marchand remarqua Mahomet, le choisit d'abord pour son intendant, et puis pour son époux.

Mahomet, devenu riche par son alliance, s'abandonna à sa vocation pour la réforme religieuse de l'Arabie. Chaque année, pendant le ramadan, il se signalait par des jeûnes et des prières, et surtout par des aumônes considérables qui fixaient l'attention sur lui. Bientôt il fut entouré de la vénération générale ; son humilité et sa frugalité furent louées de tous. Le peuple, toujours disposé au merveilleux, crut voir quelque chose de surnaturel dans cet homme. Mahomet remarquait les mouvements des esprits en sa faveur, et attendit quinze années dans cette vie contemplative et dans la retraite, avant d'en tirer parti pour l'accomplissement de ses projets.

C'est en 609, à l'âge de quarante ans, que Mahomet s'annonce comme réformateur. Il se rend dans un des lieux habituels de ses retraites, accompagné de sa famille, de ses amis et de ses esclaves, et là, au milieu de la nuit, après une méditation extatique, il se montre l'œil en feu, les cheveux épars, et s'écrie avec la voix et le ton d'un inspiré que l'ange du ciel vient de lui apparaître et le désigne au monde comme apôtre, lui commandant de prêcher l'unité de Dieu aux idolâtres et de ramener à sa pureté première la religion d'Abraham.

De ce jour, Mahomet commença à propager ses doctrines ; ses discours étaient empreints de l'éloquence passionnée qu'inspirent toujours les sujets religieux. Mais Mahomet, disons-le, ne tendait pas à réformer la religion uniquement pour modifier son dogme ; il était avant tout réformateur politique ; la religion n'était pour lui qu'un moyen ; il l'avait choisi comme le plus efficace sur des hommes peu éclairés.

Mahomet, ainsi que tous les réformateurs, rencontra de nombreux obstacles ; un parti violent s'éleva dans la Mecque contre ses doctrines ; il fut persécuté, obligé de s'enfuir pour sauver sa vie, et se réfugia à Médine.

Les Arabes ont daté leur hégire de cette fuite ; elle eut lieu en 621. Cette année est le point de départ de l'ère musulmane.

Mahomet répondit aux persécutions par la guerre ; il se fit chef militaire, et ses proselytes devinrent ses soldats. C'est alors qu'il prêcha à Médine son neuvième chapitre du Coran, dans lequel il établit comme dogme l'empire du glaive.

« Le cimeterre, dit-il, est la clef du ciel et de l'enfer. Une goutte de sang répandue pour la cause de Dieu, une nuit passée sous les armes, ont plus de mérite à ses yeux que deux mois de jeûne et de prières. Les péchés de quiconque meurt dans le combat sont pardonnés au jour du jugement ; ses blessures seront aussi resplendissantes que le vermillon et aussi parfumées que le musc, et la perte de ses membres sera remplacée par des ailes d'ange et de chérubin. »

C'est par de telles croyances que Mahomet a inspiré à tous les sectateurs de l'islamisme ce courage aveugle qu'ils apportent dans les combats.

Mahomet ne se contenta point de promettre à ses soldats des récompenses dans la vie future, il leur offrit aussi l'appât du pillage.

Les dépouilles de l'ennemi vaincu furent reconnues la propriété du vainqueur, sauf un cinquième affecté aux mosquées et une part destinée aux familles des soldats morts dans le combat. Mahomet eut bientôt une armée considérable, et étendit sa croyance par la victoire autant que par les exhortations religieuses.

Mahomet parvint à soixante-trois ans en luttant avec succès contre les difficultés de son œuvre. A cet âge, épuisé de fatigue, chargé d'infirmités, il revint à Médine, et bientôt sentit sa fin approcher. Il se fit transporter dans la mosquée, et là s'adressant aux soldats qui entouraient en pleurant leur ancien chef : « Guerriers musulmans, leur dit-il, vous aurez désormais trois devoirs à remplir : le premier, c'est de mourir plutôt que de permettre qu'un idolâtre pose le pied sur le sol sacré de l'Arabie ; le second, c'est d'accorder à tous les convertis, de quelque nation qu'ils soient, les mêmes priviléges qu'aux musulmans arabes ; et le troisième, c'est de rester fidèles à toutes les prescriptions religieuses que je vous ai enseignées au nom de Dieu. »

Mahomet s'occupa ensuite du soin de régler ses funérailles. Le 7 juin 632 de l'ère chrétienne (an 11 de l'hégire), il rendit le dernier soupir, laissant une fille pour unique descendant.

Parmi les tribus converties à la religion musulmane, se trouvaient des peuplades qui habitaient les frontières de l'empire des Mongols, non loin de la mer Caspienne ; on les nommait Turcs ou Turcomans. Au commencement du treizième siècle, les Mongols repoussèrent ces voisins turbulents et dangereux. Certaines des tribus turques prirent la route du midi, se réfugièrent en Syrie et dans l'Asie Mineure. Bientôt ces émigrés s'emparèrent de Tibérias, de Naplouse, et enfin de Jérusalem, qu'ils saccagèrent vers l'an 1220[1]. Une seconde émigration des Turcs, et ce fut la plus considérable, eut lieu dans cette même année. L'histoire nous apprend qu'à cette époque Tchinghizkhan ayant envahi la majeure partie du continent asiatique, cinquante mille Turcs s'enfuirent du sol natal pour éviter l'esclavage et se réfugièrent vers l'Asie Mineure, attirés par les premières tribus des Turcomans qui y étaient campées.

Soliman, chef de ces Turcs, étant mort, son fils Erthogrul proposa au sultan d'Iconium (aujourd'hui Konieh dans la Caramanie), Aladin III, le secours de ces bandes pour soutenir la guerre que faisaient à ce souverain les Grecs et les Mongols. Aladin, à l'aide des auxiliaires turcs, triompha de ses ennemis ; Erthogrul s'acquit par là des droits à la reconnaissance du sultan, qui lui donna en récompense le commandement de ses armées.

____

(1) Ces contrées étaient au pouvoir des chrétiens depuis les premières croisades qui s'étaient formées à la voix de Pierre l'Hermite vers l'an 1081, et la dynastie de Godefroi de Bouillon y régnait depuis l'an 1099, époque mémorable de la conquête de la ville sainte par les croisés.

A la mort d'Aladin, Erthogrul se rendit indépendant et s'empara des États de son bienfaiteur. Le fils d'Erthogrul succéda à son père en 1280. Sa souveraineté fut publiquement reconnue. Il s'appelait Othman et a donné son nom à la race qui, vaincue et chassée de sa patrie, devait à son tour devenir conquérante sur les bords de l'Hellespont.

Orkan, fils d'Othman, occupa le trône de 1326 à 1348. Il fit avec succès la guerre aux empereurs grecs, conquit sur eux plusieurs places importantes, et entre autres Nicée. Orkan fut le premier législateur des Turcs; il s'occupa de régler les classes de ses sujets en les distinguant par la fixation de costumes différents; il créa une monnaie pour son empire, organisa l'armée, qui reçut un caractère permanent, et forma le corps des janissaires, qui fut composé dans son origine de tous les enfants chrétiens faits prisonniers qu'on obligeait à embrasser l'islamisme.

Amurat, successeur d'Orkan, est le premier qui ait conduit les Turcs en Europe; il franchit l'Hellespont sur une flotte génoise, et bientôt Constantinople se vit entourée de musulmans.

Gallipoli tomba au pouvoir d'Amurat; Andrinople suivit bientôt le même sort et devint la capitale de l'empire ottoman.

Ces envahissements des musulmans avaient ému la chrétienté. Jean Paléologue, qui voyait démembrer son empire, se mit à la tête d'une ligue chrétienne que le pape Urbain V tenta d'animer de l'esprit des anciennes croisades; les efforts echouèrent dans toutes les rencontres; les soldats d'Amurat battirent les chrétiens.

Amurat mourut assassiné en 1338. Bajazet monta sur le trône; il soutint avec succès une croisade contre Sigismond, roi de Hongrie, qui commandait à une armée coalisée où l'on comptait dix mille Français, conduits par le duc de Nevers, plus tard duc de Bourgogne, et tous les chevaliers de l'ordre de Saint-Jean de Jérusalem.

Bajazet gagna sur les coalisés la victoire de Nicopolis; il en profita pour étendre ses conquêtes dans la Cappadoce, la Phrygie, l'Arménie, la Valachie et l'Albanie; l'empire grec fut resserré dans d'étroites limites. Bajazet mourut en 1405.

Mahomet Ier, son fils, régna seize ans et fut le créateur de la marine ottomane.

Amurat II, couronné en 1421, se montra aussi guerrier que ses prédécesseurs. C'est à lui qu'on doit la destruction de la muraille et des forts que les Grecs avaient construits à l'entrée de l'isthme de Corinthe. Il se rendit maître de Smyrne et de Salonique. Cette dernière place fut enlevée aux Vénitiens. Les princes chrétiens tentèrent une expédition contre Amurat; elle fut d'abord heureuse. Jean Huniade, gouverneur de Transylvanie, chef de cette expédition, défit les Turcs devant Belgrade; mais il essuya à son tour une déroute complète sous les murs de Varna. Amurat II mourut en 1451.

Mahomet II, son fils, était destiné à porter les derniers coups à l'empire grec.

Cet empire comprenait à cette époque, avec Constantinople, la Grèce, la Macédoine, la Thessalie, la Thrace et l'Illyrie; les autres possessions grecques étaient conquises.

Constantinople se regardait encore comme la première cité du monde; sa population était immense, mais son opulence et son luxe avaient produit leurs conséquences ordinaires, un effrayant désordre de mœurs. Les cultes grec et latin étaient en présence, et, au lieu d'accomplir leur mission évangélique, l'amélioration des hommes en leur enseignant la vertu, ces cultes s'absorbaient dans des luttes de dogme et de prééminence inspi-rées par l'orgueil de leurs prêtres.

L'anarchie militaire était venue mettre le comble à cet état malheureux.

Les circonstances étaient propices pour Mahomet II; il n'eut garde de les perdre : un armement considérable fut bientôt préparé, et au commencement du mois d'avril 1453, on vit paraître dans le détroit une flotte turque composée de trois cent quatre-vingt-onze bâtiments chargés de deux cent cinquante-huit mille combattants.

L'empereur Constantin n'avait pour résister à tant de forces que quatre mille neuf cent soixante-dix soldats grecs, deux mille soldats génois et quatorze navires de diverses nations.

Les opérations du siége durèrent cinquante-trois jours. Le 29 mai 1453 fut choisi par Mahomet II pour l'assaut général. L'attaque fut impétueuse et la défense désespérée; les fossés de la place se comblèrent de cada-vres; mais les chrétiens étaient trop inférieurs en nombre pour résister aux efforts multipliés des troupes fraîches que Mahomet envoyait succes-sivement à l'assaut.

Le sultan entra un des premiers dans la ville, conduisant les janis-saires. Constantin accourut avec les débris de ses chevaliers nobles pour tenter un dernier effort ou périr. Il reçut la mort qu'il cherchait; son cadavre, défiguré, ne fut reconnu qu'aux aigles d'or brodées sur sa chaussure.

Quarante mille habitants furent passés au fil de l'épée dans les églises où ils s'étaient réfugiés; soixante mille furent emmenés en esclavage; on pilla les vases sacrés et les ornements d'église; le Christ fut promené dans les rues coiffé d'un turban de janissaire. Le nom de Constantinople, qui avait été substitué depuis le quatrième siècle à celui de Byzance, fut remplacé à son tour par le nom d'Islambol (c'est-à-dire centre de l'Islamisme), dont on a fait par corruption Stamboul.

Ainsi s'écroula l'empire grec, après onze cents ans d'existence.

La conquête de Constantinople amena la soumission sans résistance de vingt-huit villes grecques, et entre autres de Trébisonde.

Mahomet se jeta ensuite dans le Péloponèse et détruisit Corinthe, qui était occupée par les Vénitiens.

Les Turcs éprouvèrent sous ce règne un seul échec devant Rhodes, défendue par les chevaliers commandés par le grand maître d'Aubusson.

Mahomet, au retour d'une expédition en Égypte, mourut à Nicomédie, en 1481. Les musulmans lui donnèrent le surnom de *Preneur de villes*.

Bajazet II continua les conquêtes de son père ; il pénétra en Hongrie, et sa flotte enleva aux Vénitiens plusieurs possessions maritimes, entre autres Lépante.

Bajazet mourut en 1512, empoisonné par son fils, Sélim Ier. Celui-ci laissa respirer l'Europe ; il porta ses armes en Perse, agrandit de ce côté les territoires soumis à la domination du croissant, acheva la conquête de l'Égypte et mourut en 1519, laissant l'empire à Soliman Ier.

Ce souverain parvint à s'emparer de l'île de Rhodes, devant laquelle avait échoué Mahomet II. Les chevaliers se réfugièrent à Malte. Soliman déclara ensuite la guerre à Louis, roi de Hongrie, défit les Hongrois et prit Bude. Louis étant mort, un archiduc d'Autriche et le vaivode de Transylvanie, Jean Zapoli, se disputèrent la couronne hongroise. Le vaivode ne craignit pas d'implorer le secours du sultan. Celui-ci se mit en marche, et après avoir repoussé l'archiduc, vint mettre le siége devant Vienne ; Charles-Quint put arriver à temps au secours de sa capitale. Après vingt jours de siége et d'assauts sanglants, les Turcs se virent contraints de rétrograder. Cette première irruption des Ottomans au centre de l'Allemagne date de 1529.

François Ier rechercha l'alliance de Soliman Ier pour faire la guerre à Charles-Quint. Le premier traité entre la France et la Porte ottomane mérite d'être signalé. Il stipulait la liberté réciproque de navigation et la juridiction souveraine des consuls dans les affaires exclusivement civiles. Les Turcs s'interdisaient pour l'avenir le droit de réduire en esclavage les prisonniers de guerre ; ceux faits antérieurement furent rendus à la liberté. Le caractère de ligue offensive et défensive fut donné à l'alliance de la France avec la Porte. Ce traité a servi de base à tous les autres conclus entre ces deux puissances, et on a vu l'alliance turque recherchée avec empressement par la France, tant que la Porte a pu lui offrir un contre-poids à la prépondérance de la maison d'Autriche d'abord, et à la puissance russe ensuite.

En 1542 , le drapeau blanc et le croissant flottèrent sur les remparts de Nice, obligée de capituler après le bombardement d'une flotte franco-turque. La Hongrie aussi était envahie par Soliman, et le puissant Charles-Quint traitait avec lui en 1547. En 1565, la guerre de Hongrie s'étant rallumée, Soliman vint en personne assiéger Zigeth, place forte de ce royaume, et il expira sous ses murs.

Soliman avait régné quarante-six ans ; ce fut un prince législateur, ami des arts et des sciences. Sous lui, l'empire ottoman s'éleva au faîte de sa grandeur. Ses limites s'étendaient d'Alger jusqu'à l'Euphrate, et des bords de la mer Noire aux extrémités de la Grèce et de l'Épire.

Le faible Sélim II fut l'indigne successeur de Soliman. Les nations chrétiennes, effrayées de la puissance musulmane, résolurent de lui porter un coup terrible.

Le 16 septembre 1571 , une flotte composée de deux cent quatre-vingts navires part de Messine sous le commandement de don Juan d'Autriche, et le 10 octobre elle rencontre la flotte ottomane dans les eaux de Lépante.

Le combat fut longtemps indécis : de part et d'autre on se conduisit avec une bravoure acharnée. Don Juan et Ali, qui commandait la flotte turque , se cherchèrent dans la mêlée. Les navires que ces deux chefs montaient se prirent corps à corps. Pendant cette lutte, les autres bâtiments avaient, comme par un mouvement instinctif, suspendu leur feu, attendant l'issue du combat singulier. Après de longues heures d'attente, on vit les débris d'un vaisseau turc disparaître dans les flots, et à côté le navire de don Juan démâté, mais ayant pour trophée la tête d'Ali suspendue au sommet de la seule vergue qui lui restait.

A ce spectacle, le combat reprit avec ardeur de la part des chrétiens, avec hésitation de la part des Turcs, et la victoire demeura aux premiers ; elle leur coûta dix mille hommes contre trente mille que perdirent les musulmans. La bataille de Lépante est le premier échec grave porté à la domination turque en Europe. Elle amoindrit le prestige de leurs armes et inspira aux Européens la confiance qu'ils avaient depuis si longtemps perdue en combattant contre eux.

En 1575 ; Sélim II fut remplacé par Amurat III , qui mourut en 1595 , sans avoir rien accompli de marquant. Il laissa le trône à Mahomet III.

Celui ci fit la guerre en Hongrie, en Valachie et en Transylvanie avec des alternatives de succès et de revers.

Il mourut de la peste en 1604 , après huit années de règne.

Achmet Ier, fils de Mahomet III, n'avait que treize ans. Les premières années de son règne furent, comme sous toutes les minorités, une époque de trouble.

On eut a réprimer des révoltes de pachas qui voulaient se rendre indépendants. L'empereur d'Allemagne se mêla de ces troubles avec l'espoir d'en profiter. Achmet Ier surmonta les difficultés, réduisit les pachas à l'obéissance, combattit avec succès les Allemands, protégea contre eux le vaivode Botscaie, que les Hongrois avaient élu roi, et conclut avec l'empereur d'Autriche le traité connu sous le nom de *Pacification de Vienne*.

Par ce traité, la Hongrie supérieure et la Transylvanie durent être gouvernées par le vaivode. L'empereur d'Allemagne reconnut son indépendance.

Achmet Ier mourut en 1616, à l'âge de vingt-cinq ans.

Son frère, Mustapha Ier, fut tiré de prison, où il languissait depuis douze années pour monter sur le trône. Mustapha, dont la raison était affaiblie, ne put garder la couronne; il fut déposé et remplacé par son neveu Osman.

On voit sous le règne d'Osman les premières attaques russes contre l'empire turc ; elles émanent des Cosaques, qui viennent ravager les côtes de la mer Noire. Les Polonais se joignirent à eux dans ces incursions. Osman reconnut la portée de ces agressions; il vit les dangers de l'avenir et comprit la nécessité de créer un boulevard à son empire contre les Russes, dont les menaces, quoique lointaines, le préoccupaient plus que les croisades religieuses entreprises vainement par la chrétienté contre le croissant.

Osman pensait avec raison que l'ambition des agrandissements territoriaux aux dépens de la Turquie lui susciterait des ennemis plus nombreux et plus persévérants que la dissidence de religion. Il voulut s'emparer de la Pologne, l'incorporer à ses états et en faire une barrière contre la Russie. Osman, dans ce but, se mit à la tête de quatre cent mille Turcs et de soixante mille Tartares ; les Polonais, attaqués, se conduisirent héroïquement: une bataille sanglante fut livrée près du château de Chocim ; les Turcs en firent le siége, ne purent prendre la place, et une paix stérile pour la Turquie termina cette campagne.

En 1623, Osman mourut étranglé par les janissaires, qui placèrent sur le trône Mustapha II. Ce souverain fut presque aussitôt déposé et jeté en prison. On lui reprochait d'abandonner le gouvernement à la sultane Validé et au visir. Les Cosaques, profitant de ces circonstances et sachant que la marine turque était affaiblie depuis Lépante, avaient armé des navires et faisaient voile vers le Bosphore, menaçant Constantinople.

C'est au milieu de ces périls qu'Amurat IV prit le gouvernement en remplacement de l'imbécile Mustapha. Le premier soin du nouveau sultan fut de rétablir l'ordre intérieur qu'avait ébranlé la conduite de son prédécesseur. Il marcha ensuite contre les Cosaques et parvint à les refouler. Ces événements se passaient en 1624.

Amurat IV mourut le 8 février 1640, après dix-sept ans d'un règne qui rendit quelque force à l'empire ottoman.

Son successeur fut Ibrahim, prince inepte et dissolu. Les Turcs, sous Ibrahim, reprirent Azof que les Cosaques leur avaient enlevé depuis quelques années, et commencèrent le siége de Candie, qui appartenait aux Vénitiens.

Ibrahim mourut assassiné le 17 août 1648. Son fils, Mahomet IV, n'avait que sept ans.

La guerre s'alluma bientôt entre la Porte et l'Allemagne à l'occasion du gouvernement de Transylvanie, dont chacun des deux empereurs prétendait avoir le droit de désigner le titulaire.

Montecuculli commandait les forces allemandes; Louis XIV y avait joint un corps de six mille Français sous les ordres du marquis de Coligny.

Au printemps de l'année 1665, les deux armées se rencontrèrent sur les bords de la Raab; la bataille fut désastreuse pour les Turcs : ils perdirent vingt-cinq mille hommes.

On s'entendit pour la paix ; une trève de vingt ans fut convenue. Le gouverneur de Transylvanie, désigné par la Porte, fut reconnu par l'empereur Léopold. Les villes de Varadin et de Neuhausel furent occupées par les Turcs ; l'empereur recouvra les provinces de Satmar et de Sabali, qui avaient été envahies par les Ottomans.

Les Turcs tournèrent ensuite leurs forces vers Candie, dont ils faisaient le siége depuis·vingt ans, et finirent par s'emparer de l'île après deux ans de tranchée ouverte (en 1669).

L'année d'après, les Cosaques de l'Ukraine se soulevèrent contre la Pologne, dont ils dépendaient, et proposèrent à la Porte de les accepter comme sujets.

Les Polonais armèrent pour contraindre les Cosaques à l'obéissance ; les Turcs vinrent à leur secours ; le visir s'avança en Podolie, mit le siége devant Kaminich, capitale de cette province, et lança cent mille Tartares qui faisaient partie de son armée dans l'intérieur de la Pologne avec ordre de tout dévaster.

Michel, roi de Pologne, fut contraint de fuir devant ces hordes ; il était cerné dans Lublin. Sobieski, son grand maréchal, réunit trente-six mille Polonais, fond sur les Tartares, les met en déroute et delivre Michel, qu'il remplace bientôt sur le trône.

Les Russes engagent à leur tour la guerre contre la Turquie ; ils avaient gagné les habitants de l'Ukraine et déterminé cette province à renoncer au protectorat de la Porte ou de la Pologne pour se donner à eux. Deux campagnes contre les Russes furent malheureuses pour les Turcs, et l'Ukraine resta feudataire de la Russie.

Mais, du côté de l'Allemagne, la Porte ottomane parut d'abord moins maltraitée par la fortune ; elle s'unit à la Hongrie, qui, à la voix de Tékeli, venait de se soulever contre la domination de l'empereur d'Autriche pour reprendre sa nationalité.

Cara-Mustapha, grand visir de Mahomet IV, entra en Allemagne à la tête d'une armée de deux cent mille hommes.

Le 16 juillet 1683, les bourgeois de Vienne aperçurent les soldats de Mahomet, menaçant leurs habitations, leurs richesses et leurs femmes.

Vienne allait succomber lorsque Sobieski accourut ; il parvint jusqu'à la montagne de Calemberg sans que les Turcs, confiants et ignorants dans l'art de la tactique européenne, eussent songé à l'empêcher de prendre cette position militaire. De Calemberg, Sobieski se précipite sur l'armée turque et la taille en pièces le 2 septembre 1683.

Le siége de Vienne avait retenti dans toute l'Europe et inspira it la terreur. La religion catholique se voyait menacée, et la levée de ce siége fut considérée comme un événement qui délivrait non-seulement Vienne, mais encore le continent.

Cette tentative des Turcs fut la plus audacieuse de toutes leurs entreprises ; elle fut aussi la dernière qui ait marqué la période de leurs conquêtes. A dater de leur défaite sous les murs de Vienne, commence la période décroissante de l'empire ottoman.

Mahomet IV fut déposé en 1687 et remplacé successivement par ses deux frères, Soliman II et Achmet II.

Mustapha, leur successeur, monta sur le trône le 27 janvier 1695.

Il gagna la bataille de Temeswar contre Frédéric-Auguste, électeur de Saxe, mais ne put sauver des mains des Russes, Azof, cette clef de la mer Noire que Pierre le Grand prit après deux mois de siége. Ce czar ne pouvait laisser immobile la politique russe à l'égard de la Turquie, et sous son règne les empiétements moscovites reçoivent une nouvelle et plus vive impulsion.

Le grand-seigneur eut à la fois affaire à ses deux ennemis naturels, les Russes et les Allemands. Ces derniers, commandés par le prince Eugène, rencontrèrent les Turcs sur la Teiss. non loin d'un lieu nommé Zanta. La bataille qui porte ce nom fut fatale au grand-seigneur. Son armée étant détruite, il se vit contraint de demander humblement la paix, et le traité de Carlowitz fut conclu en 1697.

Léopold et Mustapha convenaient d'une trève de vingt-cinq ans.

La Transylvanie restait à l'empereur d'Allemagne, ainsi que tout le pays compris entre le Danube et la Teiss ; le sultan restait maître de Temeswar.

Les Polonais intervinrent dans le traité de Carlowitz ; ils stipulèrent une trève de longue durée, recouvrèrent Kaminiek, la Podolie, et restituèrent aux Turcs trois places de la Moldavie.

Le czar Pierre traita de son côté avec les Turcs, et, profitant de leur affaiblissement, il leur imposa une trève de douze ans et conserva la ville d'Azof.

L'orgueil ottoman se vit humilié par ces conventions, et le sultan dut en porter la responsabilité. Cinquante mille mécontents marchèrent en armes au palais de Mustapha ; il résigna le pouvoir et le remit à son frère Achmet III, au mois d'août 1702.

Charles XII, battu à Pultawa, était venu chercher un refuge en Turquie, à Bender. Il sollicita Achmet pour l'engager à s'unir à lui contre les Russes ; le sultan y accéda facilement. Les desseins politiques du czar contre la Porte, qui se montraient à découvert, servirent de justification aux armements turcs.

L'ambassadeur russe est enfermé aux Sept-Tours ; un khan de quarante mille Tartares est mis sur pied, et deux cent mille Turcs, assemblés dans les plaines d'Andrinople, marchent sur le Danube et la Bessarabie, ayant à leur tête le visir Baltagi-Méhémet. Le czar, de son côté, s'avançait avec une armée de quatre-vingt mille hommes aguerris et disciplinés. Au mois de juillet 1711, Pierre le Grand arrive sur la rive septentrionale du Pruth, près d'un village nommé Falksein. Le czar avait compté sur les sympathies des populations situées sur le Pruth ; il se trompait. Ces contrées se montrèrent hostiles, et lui enlevèrent les moyens de subsistance nécessaires à son armée. La famine fit naître des maladies qui décimèrent les Russes, et les réduisirent en peu de temps à trente mille.

Les Turcs avaient traversé le Pruth ; les Tartares enveloppaient de toutes parts l'armée de Pierre le Grand ; ce souverain ne se dissimulait point le danger qui le menaçait. Les Russes n'auraient pas résisté à la première charge ; la démoralisation gagnait les esprits. L'impératrice, qui avait accompagné son époux, conservait seule ce calme et cette présence d'esprit qui se rencontrent assez souvent chez les femmes dans les grandes crises. L'impératrice rassemble ses pierreries ; elle emprunte aux officiers de l'armée tout l'or qui était à leur disposition, et, formant ainsi un présent considérable, elle l'adresse à Osman-aga, lieutenant du grand visir, qu'elle savait exercer sur lui une grande influence.

Osman, séduit par les présents de l'impératrice, pressa le visir de conclure la paix. Les Turcs ne tirèrent point parti de la situation critique des Russes. L'armée de Pierre le Grand, cet empereur lui-même et l'impératrice étaient à la merci du grand visir. L'ineptie de ce dernier et la corruption de son lieutenant anéantirent les grands résultats que la Porte était en droit d'espérer.

Le traité de Falksein fut signé (juillet 1711) ; il se borne à stipuler, au profit des Turcs, la restitution de Taganrok et d'Azof.

Méhémet-Baltagi et Osman payèrent, le premier de l'exil, le second de la mort, le traité de Falksein et leur conduite dans la campagne contre les Russes.

La guerre avec les Allemands reprit avant l'expiration de la trève conclue à Carlowitz. Le prince Eugène battit les Turcs en deux rencontres, à Petervaradin, en 1714, et l'année d'après sous les murs de Belgrade.

Cette double campagne fut suivie du traité de Passarowikz, en 1718.

Ce traité resserrait le territoire turc du côté de la Hongrie au profit de l'empire d'Allemagne.

Achmet III fut déposé en 1730, et remplacé par son neveu, Mahmoud I⁹ʳ.

Les Russes, qui n'avaient cédé qu'à regret Azof lorsqu'ils avaient conclu le traité de Falksein, attaquèrent à l'improviste cette ville et la reprirent sans avoir dénoncé la rupture du traité. Ils s'emparèrent aussi de deux nouvelles places sur la mer Noire. Les Autrichiens, de leur côté, rompirent la paix en pénétrant en Valachie.

Les Turcs réussirent un moment à arrêter les progrès de ces deux ennemis. Battus à Kroska, les Autrichiens reculèrent jusqu'à Belgrade. Là fut signé, en 1739, le traité important qui porte en diplomatie le nom de cette cité. La médiation de la France fut d'un grand poids pour les intérêts turcs dans la négociation de cette paix.

Les Autrichiens reconnurent aux Ottomans Belgrade, la Servie, la Valachie autrichienne, la citadelle d'Orzowa et le fort Sainte-Élisabeth.

Les Russes s'obligèrent à détruire les remparts d'Azof, à ne pas avoir de vaisseaux sur la mer Noire, et ils ne durent y commercer qu'au moyen de navires étrangers.

Les clauses du traité de Belgrade concernant les Russes étaient sans portée sérieuse ; ils conservaient Azof, place d'origine turque, et ne s'engageaient qu'à démolir les fortifications. Il leur était facile, en restant maîtres de la ville, d'en reconstruire les murs, et de revenir ainsi sur l'exécution du traité quand le moment leur semblerait opportun.

Ce traité, avantageux néanmoins à la Turquie, marque un temps d'arrêt dans le déclin de la nation ottomane. Plusieurs années de paix extérieure et de prospérité intérieure en furent la conséquence ; il a illustré le règne de Mahmoud Ier, qui mourut le 13 décembre 1754.

Osman III, son successeur, ne régna que trois ans. L'événement de son règne est l'incendie qui consuma les deux tiers de Constantinople.

Mustapha III, parvenu au trône en 1757, eut à lutter plus encore que ses prédécesseurs contre les envahissements de la Russie. La célèbre Catherine régnait alors et étendait la main sur la Porte aussi bien que sur la Pologne. En deux campagnes, les Turcs perdirent Choczim, Jassi, Bukarest. La Valachie et la Moldavie furent envahies jusqu'au Danube. L'année 1770 fut aussi funeste à la Porte ; elle vit tomber au pouvoir de Catherine la place de Bender et presque toute la Bessarabie.

Sur mer, les Russes obtinrent des succès non moins décisifs ; leur marine apparut dans l'Archipel ; ils fomentèrent l'insurrection des Grecs du Péloponèse, et après avoir battu la flotte turque dans diverses rencontres, ils l'acculèrent dans l'étroite baie de Tschesmé, et pendant la nuit du 7 au 8 juillet 1770, l'incendièrent et la détruisirent en entier.

Ainsi périt la marine turque une seconde fois depuis la bataille de Lépante.

Le 21 janvier 1773, la mort enleva Mustapha III. Son successeur fut Abdoul-Hamed. Il fit la paix avec les Russes. Le traité porte le nom de Kaïnardji, ou de paix de Bulgarie. La date est du 21 juillet 1774.

Ce traité, dans lequel n'apparaît pas la médiation de la France, comme à la paix de Belgrade, porte l'empreinte de l'envahissement moscovite.

Ainsi la Russie stipule l'indépendance des Tartares de la Crimée et du Kouban ; par cette clause, elle enlève des forces considérables à la Porte et en prépare la conquête à son profit.

La Bessarabie, la Moldavie et la Valachie durent être rendues à la Turquie ; mais Catherine conservait Azof avec ses fortifications relevées et complétées. Elle y ajoutait la place de Kilbourn ; le pavillon russe obtint le droit de naviguer librement sur toutes les mers ottomanes.

Enfin le grand-seigneur s'obligea à garantir le partage criminel de la Pologne.

Les conditions du traité de Kaïnardji révèlent le degré de décadence profonde de la Turquie en 1774. C'est ce traité qui a ouvert le chemin de Constantinople aux Russes. Six cents de leurs soldats, commandés par le prince Repnin, traversèrent la ville l'arme au bras, le jour de sa signature, comme pour faire acte de conquête.

La czarine continua son action sur la Crimée ; elle y fomenta des divisions, et fit entrer dans cette contrée, sous le prétexte de protection, une armée commandée par Potemkin. Saïm-Guérai, chef de la Crimée, se vit bientôt contraint de faire cession de ses États à la Russie, moyennant une pension annuelle de 800,000 roubles. Ce fait avait lieu en 1783.

En 1784, un traité défavorable à la Turquie est encore conclu. C'est le traité de Constantinople, dans lequel la Turquie fléchit sous la puissance russe sans résister. Elle reconnaît à cette dernière la souveraineté de la Crimée, de l'île de Taman et d'une grande partie du Kouban.

En 1786, Catherine effectua son voyage triomphant en Crimée; Joseph II avait vu l'impératrice à Cherson, ville récemment construite à l'embouchure du Borystène et qui achevait d'assurer à la Russie la domination sur la mer Noire.

L'empereur et Catherine annoncèrent à l'Europe le but de ces entrevues et de l'alliance conclue entre eux. Il s'agissait de chasser les Turcs de l'Europe et d'établir un empire grec sous un des grands-ducs de Russie, élevé ostensiblement pour cette destination, et que par cette raison on avait nommé Constantin.

Les agents russes soulevaient des révoltes en Moldavie, en Valachie et dans le Péloponèse.

Catherine fit offrir l'Égypte à la France si elle voulait s'unir à l'entreprise.

C'est dans ces conjonctures et en présence de préparatifs formidables que la Turquie eut à soutenir la lutte de 1786.

On voit figurer Potemkin, Suwarof, Romanzow du côté des Russes, et le prince de Saxe-Cobourg à la tête des Allemands. La prise d'Oczakow, le 6 décembre 1788, est un des épisodes les plus sanglants de cette campagne. Potemkin signala la prise de cette ville par des atrocités. Vingt-cinq mille habitants inoffensifs furent massacrés.

Abdoul-Hamed mourut au milieu de ces événements, le 7 avril 1789, et laissa la couronne à Sélim III. La campagne de 1789 ne s'ouvrit pas sous de plus favorables auspices. Les Turcs rencontrèrent à Raminiek, dans la Moldavie, les armées combinées de l'Autriche et de la Russie, et après une résistance de quelques heures les musulmans furent mis en fuite, laissant au pouvoir de l'ennemi leur artillerie, leurs drapeaux et les munitions de l'armée.

A la suite de cette victoire, les Austro-Russes se trouvèrent maîtres de la Servie, de Belgrade et des places situées sur la ligne du Danube.

Ismail seule restait aux Ottomans, quarante mille hommes de garnison y étaient enfermés. Les Russes, enhardis par la prise d'Oczakow, livrèrent assaut à Ismail. Suwarof les commandait; la défense fut aussi acharnée que l'attaque; on se battit de rue en rue, de maison en maison; le massacre dura trois jours, la garnison et la population furent égorgées. La ville ne fut qu'un amas de ruines sur lequel Suwarof planta l'étendard moscovite.

La prise de Constantinople était imminente ; l'Angleterre et la Prusse intervinrent et s'y opposèrent ; de plus , la révolution de France obligea tous les souverains du Nord à tourner leurs regards vers le midi de l'Europe. Un traité de paix avec la Porte ottomane fut signé à Jassi en 1792.

Par ce traité, les Turcs abandonnèrent aux Russes Oczakaw et tout le pays compris entre le Bog et le Dniester, Catherine porta ses frontières sur les rives de ce dernier fleuve , et ouvrit ainsi la mer Noire aux provinces polonaises soumises à sa domination. Catherine ordonna, pour consacrer ses nouvelles conquêtes, la création de la cité d'Odessa, près de l'embouchure du Dniester.

En 1798, les attaques contre la Turquie émanèrent de la France. La république voulut annexer l'Égypte à sa domination, afin de remplacer Saint-Domingue, et aussi en vue de s'ouvrir le chemin de l'Inde pour y attaquer les possessions anglaises.

Le 19 mai 1798, Bonaparte met à la voile de Toulon pour Alexandrie, et après s'être rendu maître de Malte, débarque sur la plage égyptienne le 1er juillet. Cette expédition, d'abord conduite avec succès, changea d'aspect après le départ de Bonaparte et l'assassinat de Kléber. En 1801, l'armée française, obligée de capituler, revint en France, abandonnant l'Égypte après y avoir ébranlé la domination ottomane.

Sélim, contraint de descendre du trône en 1807, fut remplacé par l'inepte Mustapha, qui céda lui-même le trône, le 28 juillet 1808, à son frère Mahmoud II. Les Russes avaient pu faire impunément des progrès à la faveur des révolutions de palais qui se succédaient à Constantinople et laissaient le gouvernement sans force ; les misérables finances de la Turquie étaient épuisées ; son administration ruinait tout ce qui en relevait ; les pachas se révoltaient, la Servie s'insurgeait, la Porte était aux abois, La défaite de son armée par les Russes, sous les murs de Rouzhouk, avait mis le comble à ses maux.

Il fut question à Erfurth, entre Napoléon et Alexandre, de s'entendre sur le partage de la Turquie. L'ambition réciproque de ces deux souverains et leur défaut de bonne foi les empêchèrent de conclure. Bientôt leurs relations amicales se changèrent en dispositions hostiles, et l'expédition française de 1812 fut résolue. Le czar sentit alors la nécessité de la paix avec la Turquie, et le 28 mai 1812 elle fut signée à Bucharest.

En vertu de ce traité de paix , les Russes portèrent leur frontière sur le Pruth. Ils devinrent maîtres de la navigation du Danube ; les vaisseaux de guerre eurent le droit de remonter ce fleuve jusqu'à l'embouchure du Pruth.

Les forteresses turques élevées en Servie furent démolies ; la Bessarabie devint possession russe.

Alexandre, par réciprocité, s'engagea seulement à restituer Anapa et plusieurs places fortes sur la mer Noire. Cet engagement, qui n'a jamais été rempli, fut plus tard la cause d'une lutte nouvelle.

Sous Mahmoud a commencé l'insurrection grecque ; on la voit naître en 1820 ; elle avait pris assez de force en 1822 pour que, le 10 janvier, les Hellènes eussent promulgué une constitution, réglé la forme de leur gouvernement et se fussent proclamés nation indépendante.

Le soulèvement de la Grèce avait eu de l'écho en Europe. Les sympathies lui étaient acquises au triple point de vue de l'humanité, de la civilisation et des souvenirs de cette terre si brillante dans les temps antiques.

La France, l'Angleterre et la Russie intervinrent dans la lutte. Ces trois puissances prirent, par le protocole de Pétersbourg, un premier engagement de n'agir que comme médiatrices pacifiques.

Mais le 6 juillet 1827, un traité est signé à Londres. On allègue le dommage commercial causé par les pirateries grecques, et en conséquence les trois puissances s'engagent à rétablir, même par la voie des armes, la paix entre la Porte et la Grèce.

La Russie jouait un jeu double avec la Turquie ; car tout en signant d'une main le traité de Londres, de l'autre elle signait la convention d'Akerman, par laquelle elle s'engageait à ne pas intervenir dans les affaires de la Grèce, pourvu que la Turquie se désistât de ses droits sur le district d'Anapa et sur les places de la mer Noire que la Russie aurait dû rendre à la Porte en vertu du traité de Bucharest.

La Russie manqua à la convention d'Akerman, et, toujours guidée par la pensée de détruire l'empire ottoman, se montra la plus ardente des trois puissances pour intervenir et réduire la Turquie par la voie des armes.

Le 20 octobre 1827, les flottes combinées de France, d'Angleterre et de Russie rencontrent la flotte turco-égyptienne dans la baie de Navarin. On connaît cette journée et ses résultats.

La France ne s'était pas bornée à agir sur mer ; elle avait débarqué un corps d'armée en Morée pour combattre les troupes d'Ibrahim. La Turquie ne pouvait résister à tant d'ennemis ; elle céda devant la force, et consentit, le 8 août 1828, le traité d'Alexandrie, par lequel elle reconnut la nationalité de la Grèce.

La Porte respirait à peine de sa lutte contre la Grèce et du désastre de Navarin lorsqu'elle fut entraînée dans la guerre de 1829 contre les Russes.

Voici les motifs de cette guerre.

La Turquie reprochait à la Russie la violation de sa parole donnée à Akerman, et prétendait, non sans raison, que son intervention armée en faveur des Grecs annulait le désistement de la Turquie sur Anapa et les autres places de la mer Noire, et que l'on restait dans les termes du traité de Bucharest.

La Russie répondit à ces prétentions en faisant avancer une armée. Le 11 juin 1829, le général Diebitsch défit les Turcs à Krislewtcha, et s'avança jusqu'à Andrinople, où il dicta la paix.

Le traité d'Andrinople a beaucoup avancé la ruine de l'empire turc. La Moldavie et la Valachie furent enlevées au système politique turc pour être attribuées à celui de Russie. Le district d'Anapa et une étendue de deux cents lieues sur le littoral de la mer Noire furent déclarés territoire russe. Les îles formées par les bouches du Danube subirent le même sort. Enfin la Turquie fut chargée d'une énorme indemnité de guerre pour garantie de laquelle les Russes retinrent diverses places, et entre autres Silistrie.

En 1830, la France a fait subir à la Porte un démembrement considérable, celui de la régence d'Alger. Cette conquête a assuré à tous la libre navigation des côtes algériennes, et affranchi les pavillons européens de ces tributs honteux payés depuis un temps immémorial aux gouvernements barbaresques.

La France a acquis de fortes positions militaires sur un littoral de plus de deux cents lieues dans la Méditerranée, appelée désormais à servir de principal théâtre maritime, soit pour le commerce, soit pour les guerres.

En 1831 s'est produite la dernière période du déclin de l'empire ottoman. Elle a débuté par un conflit avec un vassal, Méhémet-Ali, et la question d'Orient a été prête à se vider par les armes, à l'occasion de cette lutte.

Entrons dans quelques détails :

Méhémet-Ali, pacha d'Egypte, a commencé à se faire connaître pendant l'expédition française dans ces contrées. Son intelligence et sa bravoure le firent monter de grade en grade, et son influence devint telle que le vice-roi Kourschid fut déposé en avril 1806, et Méhémet investi de sa dignité.

Ambitieux et politique, le nouveau vice-roi, connaissant la faiblesse de l'empire ottoman, songea dès l'origine à préparer son indépendance. On le voit organisant une armée, une marine et une administration à la façon européenne, et développant en proportion de ses forces les allures d'un souverain qui ne comptait dépendre d'aucun maître.

En 1832, le séraskier Hussein-pacha est chargé par le sultan de ramener le vassal à l'obéissance.

Nullement épouvanté, Méhémet se prépare à résister.

Mahmoud déclare Méhémet déposé et l'Égypte en état de blocus.

Ibrahim, fils du vice-roi, commande les Égyptiens; il s'avance en Syrie, s'empare de Saint-Jean-d'Acre le 27 mai 1832, et bientôt se trouve en face des Turcs dans les champs de Homs. Le 9 juillet il gagne la bataille de Homs, et le 30 juillet celle de Beylau sur l'avant-garde ottomane. Ibrahim occupe ensuite le district d'Adana, franchit le Taurus, pénètre dans l'Anadolie, et le 21 décembre 1832 il rencontre, sous les murs de Konieh, l'ancienne *Iconium,* le grand visir Reschid-Méhémet, à la tête de l'armée turque.

Ibrahim comptait quinze mille soldats et trente-six pièces de campagne, son adversaire cinquante-trois mille hommes et quatre-vingt-treize pièces de canon de tout calibre.

On se battit d'abord au milieu d'un brouillard épais; il y eut désordre et confusion des deux côtés; mais bientôt les Égyptiens prirent l'avantage, et malgré une défense opiniâtre qui dura sept heures et demie, les Turcs abandonnèrent le champ de bataille. Le grand visir avait été fait prisonnier dans la mêlée. Cinq mille prisonniers, quarante-six pièces de canon et un grand nombre de drapeaux tombaient aussi au pouvoir du vainqueur. Les Turcs eurent trois mille morts, les Égyptiens deux cent soixante-deux tués et cinq cent trente blessés. Ibrahim, après le gain de cette bataille, put occuper sans coup férir Kutahyeh; il n'était qu'à cinq jours de Constantinople. Le divan fut consterné; il crut voir, ainsi que l'avait dit Ibrahim, les chevaux égyptiens se désaltérant dans les eaux de Scutari; de tous côtés le divan chercha des secours, et trouva à point nommé le gouvernement russe qui lui tendit la main.

Le czar s'empressa de mettre en mouvement une flotte et une armée dite de protection. Aussitôt les puissances continentales intervinrent, on démontra au divan les conséquences pour l'équilibre européen de la présence des Russes à Constantinople; on agit en même temps auprès de Méhémet pour le déterminer à un arrangement, et il arrêta la marche d'Ibrahim. Mais les Russes continuèrent d'avancer malgré les remontrances des cabinets et les négociations avec Méhémet. Le 20 février 1833, on vit treize mille Russes, arrivant de Sébastopol, débarquer à Unkiar-Skelessi sous les murs de Constantinople, tandis que les vaiseaux qui les avaient apportés venaient jeter l'ancre à la pointe du sérail [1].

Notre ambassadeur arrivait à son poste en ce moment, le 17 février 1833.

L'Europe crut que c'en était fait de la capitale de la Turquie et que la Russie réalisait enfin le but de sa politique en Orient.

Mais la question se trouvait tranchée au profit d'une seule puissance et au préjudice de toutes les autres. Ces dernières firent entendre les plus vives protestations. Un arrangement avait été signé par l'influence du cabinet français entre la Porte et Ibrahim, le 5 mai 1833, à Kutahyeh. Cet arrangement consacrait au profit du pacha l'adjonction de la Syrie et du district d'Adana comprenant le versant méridional du Taurus [2].

On objecta au czar cette convention comme une fin des hostilités et une solution du litige entre le suzerain et le vassal. Le rappel des troupes russes fut pressé avec insistance; le czar dut accéder au desir des cabinets, sous peine d'une de ces luttes que Napoléon seul savait soutenir.

Les Russes abandonnèrent Unkiar-Skelessi, mais ils emportèrent en partant le traité qui en porte le nom. Le 8 juillet 1833 le traité d'Unkiar avait été signé à l'insu des autres puissances entre la Porte et la Russie. La première s'obligeait à ne laisser entrer dans le Bosphore que le pavillon russe, et à ne recourir qu'à cette dernière en cas de secours. Ce traité violait le principe de la liberté des mers, si essentiel à observer sur tous les points maritimes et à plus forte raison dans un détroit. Le czar assurait sa puissance à Constantinople, et le sultan devenait, ainsi qu'on l'a dit, *son capitaine de port*.

Personne, les Russes exceptés, n'était satisfait de la tournure qu'avaient prise les événements. L'Europe était inquiète, et si une sorte de *statu quo* semblait la pensée des cabinets, c'était moins comme un état définitif que comme un répit donné aux réflexions sur tant de faits inattendus. Le sultan fut le premier, cela devait être, à leur donner une nouvelle impulsion. En 1834 nous le voyons armer contre Méhémet-Ali, et tenter par des révoltes fomentées en Syrie de tenir en échec la puissance du pacha dans cette contrée.

Nous voyons encore la Porte proposer à la Grande-Bretagne un traité de commerce qui devait enlever au pacha le monopole commercial. Ce traité est de 1838. La Russie avait établi sa suprématie politique par le traité d'Unkiar, l'Angleterre crut la contre-balancer par son traité de 1838.

(1) Les Russes ont seize mille hommes à Sébastopol. L'embarquement peut se faire en quarante-huit heures, la flotte appareiller le lendemain, et avec les vents du nord qui, huit mois sur douze, soufflent dans la direction de Constantinople, en deux jours la traversée peut être effectuée, total cinq jours.

(2) Le vieux pacha devenait ainsi maître de la route de Constantinople.

Vers la fin d'avril de cette année 1838, le sultan, se croyant suffisamment prêt à recommencer la lutte contre le vice-roi, donna ordre à son seraskier Hafiz-Pacha d'entrer en Syrie à la tête d'une armée considérable.

Le 24 juin 1839, la bataille célèbre de Nézib fut livrée. Les deux armées étaient fortes chacune de quarante mille hommes. Les Égyptiens attaquèrent les Turcs avec cette confiance intrépide que donne l'habitude du succès. L'armée d'Hafiz fut bientôt mise en déroute, laissant quatre mille morts, douze à quinze mille prisonniers et toute son artillerie.

La défaite de Nézib arriva à Constantinople au moment où le sultan Mahmoud rendait le dernier soupir. Le 1er juillet 1839, son fils Abdul-Medjid fut proclamé empereur.

Le 28 juillet 1839, les cabinets européens notifièrent au sultan et à Méhémet de ne rien conclure sans le concours des cinq grandes puissances.

La France voulait dans les arrangements ménager le vice-roi. C'était sa politique, afin d'établir son influence en Egypte; mais cette politique contrariait d'autres vues, et notamment celles de l'Angleterre.

De là les menées diplomatiques plus ou moins ténébreuses et déloyales qui ont abouti au traité du 15 juillet 1840, conclu à l'insu du gouvernement français.

En apprenant la signature de ce traité, quelques esprits se firent en France l'illusion de croire qu'il serait seulement comminatoire. Le canon de Beyrouth vint cruellement les détromper. Saïda, Saint-Jean-d'Acre et plusieurs autres points de la côte tombèrent au pouvoir des Anglais avec une rapidité qui fait honneur à leur habileté maritime. Ibrahim fut contraint d'évacuer la Syrie et de se replier en toute hâte vers l'Égypte.

Le pacha fut réduit à cette dernière contrée, qui ne doit être à l'avenir qu'un pachalic ordinaire. La France a reçu le contre-coup de l'échec subi par son protégé; l'influence anglaise s'est substituée dans ces parages à celle de la France.

Le traité du 15 juillet 1840, en abaissant le rival de la Porte, a-t-il donné de la force à cette dernière? Non, évidemment; ce traité n'a fait que sanctionner encore une fois l'impuissance turque. Ce traité couronne les faits d'extinction graduelle de l'empire ottoman que nous avons indiqués dans cet exposé historique. Qui en effet par ce traité prend en main la souveraineté de la Turquie? Ce sont les grandes puissances. Qui accomplit un acte de gouvernement intérieur et porte atteinte à la nationalité turque en faisant d'autorité la part du vassal et celle du suzerain? Ce sont ces mêmes puissances.

Peut-on mieux abdiquer enfin son indépendance qu'en s'obligeant par un traité, celui d'Unkiar, à recevoir dans les eaux de sa capitale un seul pavillon à l'exclusion de tous autres, et ce pavillon, quel est-il? celui d'une puissance que la Turquie sait viser à la conquête de cette capitale.

Un peuple réduit à de telles conditions n'est plus une nation ; c'est une agrégation d'individus sans cohésion, sans unité ni patriotisme.

La nature et le nombre des populations qui couvrent le territoire ottoman en fournissent aussi la preuve. On compte les Arnautes, Géorgiens, Druses , Maronites , Arméniens, Grecs, Juifs, Catholiques, tous ennemis de la Porte, soumis à son autorité sous certaines conditions de gouvernement local , professant d'autres croyances et dépassant des quatre cinquièmes le nombre des Turcs qui, particulièrement dans la Turquie d'Europe, ne s'élève pas audelà de sept cent mille environ.

L'infériorité de nombre se remarque même dans Constantinople. Cette capitale compte quatre cent mille habitants. Les Turcs y figurent à peine pour la moitié. Les Arméniens s'élèvent à cent mille, les Juifs à cinquante ou soixante mille, les Grecs au même chiffre.

La race turque tend chaque jour à s'éteindre ; en général les familles ne se perpétuent pas au-dessus de trois générations ; cela s'explique par la dissolution des mœurs.

Si nous examinons la densité des populations comme symptôme de force des États, nous trouvons que sur quatre-vingt-six mille lieues carrées dont se compose la Turquie d'Europe et d'Asie, on compte à peine dix-sept millions d'habitants, tandis que quatre-vingt-dix-sept millions se pressent dans un égal espace, comprenant la France, l'Angleterre, la Belgique, l'Espagne et la Suisse.

L'agriculture est ignorée ; pourquoi cultiverait-on? le produit ne serait pas assuré au travailleur !

L'industrie, après avoir fait quelques progrès, n'a pu résister à la décadence générale ; l'exemple suivant l'atteste.

En 1812, on comptait six cents métiers à mousseline à Scutari.

En 1821, ils étaient réduits à quarante , et ne se sont pas relevés depuis cette époque.

En 1812, on comptait deux mille établissements à tisser le fil à Tournovo.

En 1830, ils étaient réduits à deux cents.

L'administration turque arrête tout développement. L'impôt se perçoit sans règles, sans garantie ; il consiste dans une sorte de confiscation annuelle.

Les Turcs n'ont jamais pu, depuis six siècles que dure leur domination s'assimiler les races conquises. Ils sont encore au milieu d'elles comme au premier jour de la conquête, à l'état d'occupation militaire.

La politique turque procède par la destruction, et produit le désert partout où elle peut étendre sa main.

On ne découvre aucun élément de vitalité, sous quelque aspect qu'on envisage ce gouvernement, qui n'a jamais eu les forces de l'intelligence, et a même perdu l'espèce de force matérielle que donne la barbarie.

Un système d'appropriations territoriales nous semblerait donc pouvoir être adopté en congrès.

Nous pensons que ce système pourrait être présenté suivant les vues dont nous allons analyser l'économie.

La France reprendrait ses limites naturelles, le Rhin.

La Russie s'étendrait jusqu'au Bosphore, en s'incorporant Constantinople, la Valachie, la Moldavie, déjà sous son protectorat, la Servie, la Bulgarie et la Roumélie, contrées dont les populations sont en majorité communes d'origine et de religion avec les Russes.

L'Autriche réclamerait avec raison les moyens de déboucher dans la mer Noire et d'y assurer son commerce.

La Hongrie et la Galicie, provinces riches et dont les produits ne peuvent aujourd'hui se répandre dans la circulation, jouiraient alors d'une faculté d'exportation qui vivifierait ces dépendances de la couronne de Vienne.

L'Autriche obtiendrait, avec les bouches du Danube, la Bosnie, la Croatie turque, l'Herzégovie, l'Albanie, tout le littoral turc, en un mot, de la mer Adriatique.

L'Angleterre possède l'Inde, où sa puissance se montre avec des proportions colossales. Cette terre est féconde en richesses immenses exportées dans le monde entier. Mais l'Angleterre convoite une route qui lui manque pour se rendre dans ses possessions. Elle obtiendrait cette voie directe par l'attribution de l'Égypte et de la Syrie. Toutefois nous pensons que, comme contre-poids à ces avantages, l'Angleterre devrait abandonner ses possessions hanovriennes, qui seraient pour la Prusse un dédommagement de la perte de ses provinces Rhénanes. L'accroissement hanovrien fut de tout temps désiré par la Prusse, il était la base des stipulations que cette puissance tenta à plusieurs reprises avec Napoléon.

Méhémet-Ali, souverain musulman éclairé, serait appelé à régner sur ses coreligionnaires de l'Asie-Mineure ; Smyrne serait sa capitale.

Enfin le nouveau royaume de Grèce, si digne d'intérêt, pourrait être compris dans ces attributions par l'adjonction des îles turques de l'Archipel.

L'Orient et l'Occident, ainsi modifiés, y gagneront mutuellement. Le premier recevra la civilisation avec son cortége de sciences et de lumières.

L'Occident, de son côté, trouvera un champ nouveau ouvert à son activité, à son intelligence et à son exubérante population.

Les mœurs de l'Orient et son fanatisme éprouveraient une prompte atténuation.

Nous avons avec ces contrées un contact géographique trop intime pour les laisser plus longtemps étrangères à notre état social.

C'est ainsi que le nœud oriental serait dénoué sans guerre et par une transaction européenne.

PROJET DE TRAITÉ.

Art. 1er. Les territoires compris entre le Rhin et les fontières de la France sont incorporés à ce royaume, et formeront des départements français.

Art. 2. La ville de Constantinople est incorporée à la Russie ainsi que la Valachie, la Moldavie, la Servie, la Bulgarie et la Roumélie.

Art. 3. Les bouches du Danube et les îles qui en dépendent appartiendront à l'Autriche ainsi que la Bosnie, la Croatie turque, l'Herzégovie et l'Albanie.

Art. 4. L'Égypte et la Syrie sont déclarées possessions anglaises.

Art. 5. Le Hanovre est incorporé au royaume de Prusse.

Art. 6. L'Asie Mineure est érigée en royaume héréditaire. Méhémet-Ali en sera souverain; il portera, ainsi que ses successeurs, le titre de Roi.

Art. 7. Les îles turques sont déclarées dépendances du royaume de Grèce.

Art. 8. Des indemnités pécuniaires seront allouées à ceux des princes qui, par suite du présent traité, perdraient sans compensation territoriale tout ou partie des États actuellement soumis à leur souveraineté.

A. DE LA GRAVIÈRE.

Imprimerie d'E. DUVERGER, rue de Verneuil, n° 4.